MONSEIGNEUR,

JÉSUS-CHRIST, dont je suis l'humble prêtre, a adressé à ses serviteurs ces paroles : *si quelqu'un vous frappe sur la joue droite, tendez-lui la gauche* (1).

S'il m'a été donné de comprendre le vrai sens du texte sacré, il signifie que nous ne devons pas opposer la force à la persécution violente, et que le meilleur moyen de triompher de ceux qui veulent nous accabler sous leurs coups est de nous offrir comme victime. Mais JÉSUS-CHRIST, mon SAUVEUR, n'a pas voulu dire qu'il fallût se taire quand l'heure d'une discussion est venue, ni qu'il fallût succomber innocent quand on est iniquement poursuivi; car attaqué et frappé lui-même par un agent de la police juive, il ne se souvint pas de la parole de résignation qu'il avait donnée à ses disciples; mais, au contraire, se redressant, sous le coup qui l'avait frappé, de toute sa hauteur divine, il dit : Si j'ai tort, prouvez-le-moi; si j'ai raison, pourquoi me frappez-vous (2) ? Patience et fermeté dans la controverse, résignation dans la persécution, telle est, assurément, la règle que l'Evangile nous trace.

---

(1) Saint Math., chap. 5, vers. 39.
(2) Saint Jean, chap. 18, vers. 23.

Atteint, il y a quelques semaines, par une disgrâce aussi pénible qu'imprévue; enlacé dans une accusation dont je n'avais ni provoqué l'ardeur, ni prévu les suites fâcheuses, je me suis maintes fois demandé quel était le parti que m'imposaient ma position, mon état, mon caractère. A la suite d'une longue délibération avec moi-même, j'aurais peut-être renoncé à toute lutte, et laissé à des adversaires la joie d'un facile triomphe, s'il n'eût été question que de mon immolation personnelle. J'aurais pu, en cherchant un refuge dans ma conscience et en m'enveloppant de mon passé d'homme de bien, me tenir dans une indolente quiétude, attendre que la calomnie eût fait son cours, et que la malveillance de quelques hommes, égarés un moment, fût détruite par un heureux retour vers le vrai. Ce parti, Monseigneur, il m'a paru qu'il était de mon devoir, qu'il était de mon honneur de ne pas le prendre. Le silence pourrait s'accorder avec mon amour pour le repos et pour la paix; mais n'ai-je pas à prendre soin d'autre chose que de ma propre commodité? N'ai-je pas été frappé d'une mesure fatale, au milieu de mes collègues étonnés? Ma révocation n'a-t-elle pas excité l'attention de la population, au sein de laquelle je me trouvais heureux et honoré d'exercer les fonctions augustes de mon ministère? En me taisant aujourd'hui, j'accréditerais ceux qui prétendent qu'un homme élevé, sinon par ses mérites, du moins par la mission qu'il avait reçue, a pu faillir gravement et provoquer ainsi la rigueur de votre justice. Si j'acceptais cet échec à mon honneur et à mon caractère de prêtre, le clergé du diocèse n'aurait-il pas le droit de se lever tout entier pour me pousser à ne pas demeurer muet entre la punition et la faute? N'aurait-il pas le droit de me dire : si vous avez pu vous couvrir d'une tache, vous êtes indigne de compter dans la milice sacerdotale? Nous ne tolérons point cette apathie qui vous fait oublier, dans votre position nouvelle, ce que cette position a d'humiliant; si vous êtes innocent, dites-le, prouvez-le; car votre honneur est l'honneur de tous.

Oui, mes confrères bien-aimés, je suis innocent, et c'est le sentiment de mon innocence qui mé porte impérieusement à mettre au jour ma justification.

C'est donc pour eux, Monseigneur, pour eux et pour vous que je vais tracer les pages qui vont suivre. Vous êtes mon chef vénéré, comme mes collègues sont mes frères aimés. C'est un de vos prédécesseurs qui m'a marqué du signe des prêtres de J.-C. Le respect profond que j'avais voué à Monseigneur d'Isoard, je l'ai reporté sur vous ; et pendant les quelques années passées au sein de la milice sacerdotale que vous dirigez, j'ai senti souvent l'influence de votre évangélique génie et l'élan de votre affection pour nous. Aussi, dès le début de mes malheurs, est-ce vers vous que j'ai dirigé mes espérances, est-ce de votre justice seule que j'ai tout attendu. Pourquoi faut-il, qu'entre vous et moi, des préventions se soient élevées ? Pourquoi ai-je eu des adversaires qui ont pu devancer l'examen de ma cause, et obtenir que je fusse atteint sans être jugé ? C'est mon malheur ; malheur que je suis bien loin de faire remonter jusqu'à vous ; malheur que j'accepte du fond de l'âme, sous lequel je me courbe et m'humilie, disposé à le regarder comme une punition de Dieu, pour quelque faute ancienne et ignorée, ne pouvant l'accepter comme le châtiment d'un fait que je n'ai pas commis.

Dans ce moment, je m'adresse à vous, Monseigneur, et vous conjure de revenir avec moi sur les actes dans lesquels j'ai été mêlé. J'ai la confiance que vous, et tous ceux qui prendront la peine de me lire, me jugeront favorablement, après avoir suivi la simple narration que je vais faire. Je suis convaincu que la sincérité de mes paroles aura son effet communicatif, et que j'obtiendrai, sans effort, une réhabilitation de vous et un témoignage d'estime de tous les autres.

Je parlerai, Monseigneur, des choses sans embarras, et des hommes avec franchise. Je vais dire les faits qui m'ont précipité dans les difficultés où je suis. En les voyant passer sous vos yeux, vous leur trouverez, peut-être, comme précédemment, des proportions bien petites ; et moi je ne puis m'empêcher de reconnaître que ces faits, que l'on traite d'insignifiants, ont néanmoins leur gravité. Je leur vois une gravité telle que, s'ils étaient prouvés, ils suffiraient pour ternir le caractère dont je suis revêtu. Car enfin, que des malices interviennent entre gens du monde, on pourra être à leur égard très-indulgent et promptement oublieux. Mais nous, dont la vie est consacrée aux habitudes austères et à l'enseignement comme à la pratique de tous les devoirs, de toutes les vertus, il ne nous appartient certes pas de pousser jusqu'à la malice et à un badinage provocateur les accès de notre gaîté. Je le répète donc ; bien que des esprits sages soient tentés de dire qu'il ne valait pas la peine pour si peu d'en venir à un éclat, je déclare professer, moi, un autre sentiment, et je tiens pour graves, très-graves, les actes que l'on m'impute. Ils m'ont paru à ce point importants et douloureux que, depuis que je les ai vu peser sur moi, je n'ai plus connu ni calme ni repos ; ils m'ont paru à ce point sérieux, que je me tiendrais moi-même à bien petite estime, si ma conscience me les reprochait. Mais enfin, ces faits, auxquels j'arrive après tant de détours, que j'éloigne et devant lesquels je parais reculer, quels sont-ils ? Les voici.

Je suis arrivé à Gimont en 1834. Avant de m'y rendre, j'avais fait un court noviciat à Simorre ; les habitants de cette dernière ville attesteraient, au besoin, que je n'y ai laissé que de bienveillants souvenirs. Au moment de prendre ma place à l'église de Gimont, deux prêtres y étaient déjà installés ; c'est M. l'abbé DOUSSET et M. l'abbé BAYLAC. Je prononce leur nom parce qu'ils se trouvent l'un et l'autre mêlés au dernier événement de ma vie ; et je vais m'occuper d'eux sans préoccupation, sûr que je suis de garder à leur égard, malgré le mal qu'ils m'ont fait, toute la retenue qu'imposent les convenances et la sérénité d'ame d'un Chrétien. M. Dousset et M. Baylac étaient donc, avant moi, à Gimont ; placé à côté d'eux, j'ai concouru avec eux, et dans la mesure de mes forces, à la mission évangélique que nous avions à remplir. M'est-il jamais arrivé de soulever une discussion entre nous? Y a-t-il quelqu'un qui puisse dire que j'ai été, vis-à-vis d'eux, enclin à la satire et au blâme? Les ai-je desservis auprès d'un supérieur? Ai-je cherché à diminuer, dans l'esprit de personne, la légitime opinion qu'on devait avoir de leur mérite? Ou plus généralement encore, quelqu'un, ecclésiastique ou non, peut-il dire que je sois remuant ou tracassier par caractère, que l'épigramme me plaît et que j'éprouve quelque plaisir des chutes d'autrui? Je livre ma vie à l'examen; je provoque la censure; j'appelle les témoignages contraires; voyons si une voix, une seule voix s'élèvera pour m'accuser!

Je dis donc que, placé à côté de mes collaborateurs, je menais la vie la plus propre à mériter leur affection. Pourquoi, en effet, aurais-je cherché à Gimont des agitations et des tourments? Je veux tout révéler; j'étais heureux d'être à Gimont, et toute mon ambition s'arrêtait à souhaiter que les arbitres de mon sort m'y laissassent remplir les humbles fonctions de mon ministère, gardant pour d'autres les honneurs et les dignités dont ils peuvent disposer.

Et toutefois, il faut bien admettre que cette tranquillité heureuse, ce repos aimé dont je jouissais à Gimont, n'ont pas peu contribué, peut-être, à me faire des ennemis. Il en coûte de le constater; et pourtant on ne peut le méconnaître, sans fermer les yeux à ce qu'apprend l'observation journalière; le bonheur que nous goûtons nous crée des envieux. Si cela n'était pas, une vie aussi modeste que la mienne, une vie passée à éviter les regards et à chercher le calme dans des voies où je ne pouvais heurter personne, aurait assurément détourné de ma tête une aussi malheureuse affaire. Je pose donc comme un point dont l'évidence s'est manifestée à moi, que ma position est devenue un objet d'envie, un sujet d'attaque.

La Providence avait voulu que je trouvasse asile, à Gimont, dans une maison honorable et honorée. Je n'étais pas, comme bien des prêtres, condamné à un isolement absolu. Dans mes

peines, dans mes afflictions, dans mes maladies, je rencontrais
à côté de moi le dévouement et les soins d'une dame âgée et
compatissante. Loin de ma ville natale, loin de ma mère,
j'avais trouvé, non pas comme tant d'autres, un domicile pré-
caire et fugitif, mais une demeure stable, et, je le dirai avec
toute la déférence qui est en moi, une seconde mère. De là,
pour quelques esprits mal faits, une occasion de blâme et un
texte à reproches. Me convenait-il à moi, homme étranger,
ministre dépendant, obligé de me tenir ici-bas comme un
voyageur toujours prêt à déplacer sa tente sur un signe d'en
haut; me convenait-il de m'arranger dans un lieu donné, d'y
mener une vie douce et entourée de sentiments propres à
créer en moi l'illusion du sentiment de famille ! Voilà ce
qu'il répugnait à quelques-uns d'admettre ; voilà ce qu'ils
n'ont pu me pardonner. Bientôt je me permis de devenir
propriétaire à Gimont; j'osai y posséder une maison; je pous-
sai la licence jusqu'à en faire une demeure commode. Alors
ceux qui avaient trouvé à blâmer au bonheur domestique que
je m'étais fait, passèrent du mécontentement au murmure,
du murmure à l'exaspération. Ma fortune paraissait grandir;
la Providence semblait me combler, et je pouvais, pour peu
qu'on me laissât faire, arriver jusqu'au bien-être. Ah ! tout
cela était d'un trop mauvais exemple; il fallait me barrer le
chemin, et le charitable désir de me nuire me donna des
ennemis.

J'étais donc à Gimont, dans une résidence où je me trouvais heureux; j'y étais devenu propriétaire; de plus, j'avais
pour collaborateurs MM. Dousset et Baylac. Je m'abstiendrai
désormais de toute réflexion; je suis tout entier à l'événement qui m'a fait prendre la plume; mon écrit va mettre
constamment en présence mes deux confrères. Depuis que
nous nous connaissions, nous vivions en paix ; cependant,
malgré cette bonne harmonie, un d'entre nous croyait avoir
le droit d'élever quelque plainte. Que vais-je faire ici ! Révéler à ceux qui l'ignorent, une petite anecdote, propre à
égayer les railleurs, fournir l'occasion de rire de ce qu'on

appellera, peut-être, une querelle de sacristie. Hélas ! je voudrais être historien de faits plus graves; mais il faut bien dire ce qui est. Que ceux qui l'ignorent sachent donc que, lorsque je suis arrivé à Gimont, j'ai trouvé toute établie une inégalité dans le traitement des trois prêtres attachés au service de la paroisse. Moi présent, cette inégalité subsista : elle blessait mon collègue M. Baylac; elle profitait, au contraire, à M. Dousset et à moi. Cette inégalité était après tout bien misérable ; nous étions deux qui recevions cinquante francs de plus que le troisième. S'il y avait privilége, il n'était pas, on le voit, exorbitant; et cependant, par cela seul qu'il existait, il fallait le supprimer : c'était mon avis, mon désir, ma volonté. En cela, je dois le dire, je ne faisais que me mettre d'accord avec M. le curé Dousset. Aussi, pendant plusieurs années, avons-nous, lors du partage du casuel, réduit volontairement notre part, pour indemniser M. Baylac. Quoi de plus simple qu'un tel procédé, quoi de plus naturel que de poursuivre sur un pareil précédent! M. Baylac, sans mauvaise intention, sans doute, mais par une inspiration qu'il me sera bien permis, je pense, de juger fâcheuse, trouva bon de tout changer. En 1842, il cessa de vouloir profiter du prélèvement que nous faisions pour lui, sur notre part de casuel, et repoussa le supplément que jusqu'alors il avait reçu de chacun de nous. Rien que de légitime, sans doute, dans un pareil procédé, s'il avait refusé, en se résignant à se taire; mais M. Baylac n'agit pas ainsi; il refusa les avantages que nous voulions continuer à lui faire, et se plaignit amèrement de ce que nous ne les lui faisions plus.

Ses plaintes eurent de l'éclat, et M. le curé s'en émut. Un jour, c'était un des derniers de décembre (cette date est importante, et je vous prie, Monseigneur, de ne pas l'oublier), le partage du casuel eut lieu, comme il se pratiquait à la fin de chaque année. Nous étions tous les trois réunis à la sacristie. M. le curé se permit d'adresser à M. Baylac quelques remontrances, et devant moi, il lui parla en ces termes : « M. l'abbé, je sais que vous racontez partout que

» vous êtes sacrifié à vos collègues; à vous entendre, le tra-
» vail le plus considérable est celui que vous faites, tandis
» que votre traitement est le moins important. Non seule-
» ment ces griefs sont déplacés, mais ils sont injustes. Si
» nos traitements diffèrent, à qui la faute? Vos revenus
» étaient inférieurs aux nôtres; nous avions trouvé le moyen
» de les égaliser. Cette combinaison vous a convenu pendant
» un temps, et tout-à-coup il vous a plu de la rejeter.
» Est-ce donc pour avoir le droit de nous accuser et de vous
» répandre en plaintes, que vous faites devant nous le géné-
» reux? De grâce changeons de procédé; que votre traite-
» ment soit de nouveau complété par nous. » Puis, prenant
quinze francs sur sa part de casuel et quinze francs sur la
mienne, « voilà trente francs, ajouta-t-il; acceptez-les, et
» accordez-nous la grâce de votre silence. »

Rien assurément de plus fondé que ces représentations,
et cependant ces ouvertures pacifiques échouèrent. Je ne sais
quel démon souffla l'aigreur dans nos esprits. S'animant d'une
manière assez vive, M. Baylac dit au curé : « Puisque nous
» réglons des comptes, réglons-les entièrement; vous me
» devez un arriéré; soldez-moi, non seulement pour cette
» année, mais encore pour les années passées, à la fin des-
» quelles je n'ai rien voulu. » En vérité, si j'avais eu là,
non pas un rôle subalterne, mais un rôle principal, si j'avais
été l'homme revêtu de l'autorité la plus grande, j'aurais terminé cette fâcheuse querelle en adhérant aux exigences de
M. Baylac. Mais M. le curé, dont la parole dominait ce débat,
tint une autre conduite. Irrité de son côté d'une demande
rétrospective, et qui lui paraissait faite plutôt à titre de
récrimination qu'à titre d'équitable droit, M. le curé répondit : « puisqu'il en est ainsi, vous n'aurez rien; nous repre-
» nons nos trente francs, et je n'en persiste pas moins à vous
» exhorter à vous taire. » Et nous nous séparâmes.

J'ai dû raconter les détails qui précèdent, avant d'abor-
der les événements qui vont suivre. Il ne me sera pas difficile de montrer quelle liaison intime et forte il y a, soit

entre la discussion de la sacristie, soit entre les plaintes continuelles de M. Baylac, et les lettres qui sont venues après. J'ignore quelles étaient les dispositions de M. Baylac au moment où il nous parla; j'ignore encore les sentiments qui l'animaient au sortir de ce chaleureux dialogue; en a-t-il parlé au dehors, n'en a-t-il pas parlé? C'est ce que je ne pourrais affirmer. Et toutefois, s'il est permis de juger par voie d'induction, si l'avenir repose sur le passé, il est permis de croire que M. Baylac, qui dénonçait en tous lieux la conduite de ses collègues, qui réclamait autour de nous de telle façon et avec de tels éclats que M. le curé crut devoir intervenir, il est permis de penser que M. Baylac, soit dans un moment d'abandon, soit dans un moment d'aigreur, aura laissé deviner, au moins à quelques-uns de ses intimes, qu'il avait été traité cette fois comme par le passé, et qu'il était encore notre victime.

Quoi qu'il en soit, à quelques jours de là furent répandus dans Gimont des écrits anonymes; ces écrits, tirés à un grand nombre d'exemplaires, allèrent trouver les autorités, les personnes notables, et tombèrent jusque sous les pieds des passants. Ces lettres présentent toutes le même texte; ce texte le voici, je copie :

« Mon fils, dit la souris, cet abbé Dousset est un chat qui,
» sous son minois hypocrite, contre toute sa parenté d'un
» malin vouloir est porté. — Lafontaine : livre 7, fable 6, le
» cochet, le chat et le souriceau. — Quand même Lafontaine
» aurait connu personnellement le vilain qu'il nomme, il ne
» l'aurait pas mieux dépeint qu'il ne le fait. Lisez toute cette
» fable et vous verrez par vous-même que tous les traits
» sont vrais. Il aurait dû mettre à côté du digne curé son très-
» digne vicaire, l'abbé Tardivail. C'est une indignité qu'ils
» s'entendent tous les deux contre M. l'abbé Baylac. Celui-ci
» a toute la peine, les autres tout le profit. Ils lui volent tous
» les ans une partie de son traitement; il le prouvera quand
» on voudra. Ils se donnent entre eux des repas où il n'est
» pas engagé. Il faut que les méchants partent. »

2

Ici je relève quelques dates. La contestation, dont j'ai re-
produit tout à l'heure les détails, est intervenue, comme je
l'ai déjà dit, à la fin de décembre 1846. Quant aux lettres,
elles n'ont pas été toutes répandues le même jour ; leur émis-
sion s'est faite par intervalle et comme par accès ; et la version
la plus suivie rapporte leur première apparition au commencement de janvier 1847. J'ai ignoré jusqu'au 17 mars qu'il
eût paru de telles lettres, et je n'ai su leur existence que lorsque j'ai appris qu'on cherchait à me les imputer. Mes collègues, comme on pourra le voir, furent avertis avant moi ;
M. Baylac, dont l'auteur anonyme paraissait épouser la querelle, fut, si je ne me trompe, le premier instruit de ce qui se
passait ; et, si les détails que j'ai pu recueillir sont véridi-
ques, il parla à M. le curé. Celui-ci lut attentivement, médita
le contenu des lettres, et après une mûre délibération il opta,
dit-on (je voudrais pouvoir me le persuader), il opta pour le
parti que prennent toujours les hommes de paix ; il voulut
fermer les yeux et oublier. M. Baylac ne fut point de cet avis.
Se voyant désigné dans ces lettres d'une manière trop favorable pour n'être pas compromettante, il craignit que l'éléva-
tion de son caractère ne fût point une suffisante sauvegarde
contre le soupçon. Il dit à M. le curé : « Je ne suis pas homme
» à vous attaquer en empruntant les voiles de l'anonyme ;
» vous en êtes convaincu ; et la confiance que vous avez en
» moi me met à l'abri de vos soupçons ; mais l'opinion peut
» s'égarer ; ces lettres ne me sont pas hostiles, rien ne me
» garantit que des malveillants ne me les imputeront pas ; je
» veux, pour me disculper, chercher celui à qui revient, dans
» cette conjoncture, la responsabilité. » Sa résolution prise,
il chercha. Jusque-là rien de mieux. Ce ne sera certes pas
moi qui aurai un mot de blâme pour M. Baylac se mettant à
la poursuite de ceux qui prenaient le masque de l'anonyme ;
mais comme ses recherches l'ont conduit jusqu'à moi, j'ai à
lui demander compte des moyens qu'il a employés pour arriver à ses fins.

Nous l'avons laissé tout-à-l'heure se séparant de M. le curé, et se proposant d'éclaircir le mystère qui nous enveloppait tous. Il revient chez lui ; et un examen bien rapide le conduit à penser que le coupable qu'il cherche, c'est moi. Je ne ferai pas remarquer qu'il était peu charitable, dans une pareille occasion, de préférer, dans ses soupçons, un collègue à tout autre ; après ce qui est arrivé, je serais mal venu à faire des reproches de malveillance et de fâcheux vouloir ; passons donc sur la charité. Supposons que M. Baylac pouvait oublier de suite notre confraternité paroissiale et la gravité de mes habitudes ; supposons qu'il lui fût permis de me traiter incontinent en ennemi, mais au moins fallait-il m'avertir, m'appeler, porter contre moi une attaque directe et ne pas m'attaquer à mon insu. Ces lettres méchantes ne portaient pas de nom : puisqu'on voulait me les attribuer, il fallait me mettre en mesure de discuter l'accusation. Au lieu de cela, que fait M. Baylac ? Il s'arme de quelques pièces d'écriture émanées de moi ; il compulse les registres de la paroisse dans lesquels j'ai inscrit des actes, et, guidé par l'analogie, croyant découvrir quelques similitudes, *il conclut contre moi*. Satisfait de sa certitude personnelle, il revient chez M. Dousset, lui dit qu'il est sûr de bonnes traces et annonce l'intention d'aller plus loin. M. le curé renouvelle en vain ses conseils pacifiques ; M. Baylac est convaincu ; il marchera.

Comment ferais-je pour l'arrêter ? Il ne s'ouvre point à moi ; il poursuit, loin de tout examen contradictoire, mon inculpation. Mais y songez-vous, M. l'abbé ? Vous n'êtes point expert ; ne vous sentez-vous pas bien novice dans une science, que ceux qui l'ont pratiquée toute leur vie trouvent éminemment difficile. Consultez autour de vous, non pas ceux qui, comme vous, font, par état, profession de retenue et de circonspection dans leurs jugements ; consultez les hommes les plus ardents dans les luttes et les plus prompts dans leur témérité, et ils vous diront que la preuve par comparaison d'écriture, est, de toutes les **preuves**, celle qu'il faut le plus scrupuleusement peser. Entrerait-il pourtant dans ma pensée de vous empêcher de la tenter ? Oh que non pas ! et vous verrez par la conclusion de mon mémoire que toute vérification me convient, et que je suis désireux de l'accomplir. Ce que je dis, M. l'abbé, c'est qu'avant d'agir vous deviez me mettre en mesure de présenter ma défense, et éviter une précipitation qui devait vous conduire à une iniquité.

Ainsi que je le disais, guidé par quelques analogies, M. Baylac arriva à une conviction, et il chercha à la faire partager. Quelques personnes furent appelées; un prêtre, si je ne me trompe, et un maître d'écriture, furent consultés par lui. Ceux-ci pensèrent que les analogies remarquées par M. Baylac étaient exactes, et qu'il pouvait avoir raison dans ses soupçons contre moi. Nanti d'une ou deux adhésions, M. Baylac revint auprès de M. le curé, et, il faut le dire, finit par le gagner à son opinion et à le décider contre moi. M. Dousset fut entraîné par le poids des analogies qu'on lui faisait remarquer, et par l'autorité d'une ou deux personnes d'une expérience au moins bien contestable. Dès-lors il fit cause commune avec M. Baylac, et touts deux allèrent à Auch chercher des armes contre leur confrère ignorant et non averti. Quel fut le résultat du transport de ces messieurs à Auch ? Je l'ignore. On m'a dit qu'ils avaient visité et consulté deux experts : cela est-il ! Eux seuls pourront le dire; ce que je sais, c'est qu'après avoir fait force questions sur cette consultation et son résultat, je n'ai pu rien découvrir. Ces experts m'ont-ils été contraires ? Par grâce, que l'on me montre un rapport où ils aient consigné leur opinion.

Quelle que soit la vérité, Monseigneur, relativement à cette visite, il fut décidé par mes collègues, et toujours en mon absence, à une époque voisine du moment où je la place, que cette affaire serait portée jusqu'à Votre Grandeur. M. le curé, qui désormais agira seul et détaché de M. Baylac, se chargea de cette mission (qui devait bientôt lui donner des regrets), et il partit pour l'Archevêché (1). Je suis ici obligé, Monseigneur, de le suivre en votre présence, et de deviner ce qui s'est passé entre vous et lui. Veuillez me pardonner cette hardiesse ; je présente ma défense, et une défense est toujours, auprès des grandes âmes, quelque chose de sacré. Je suis sûr, d'ailleurs, de ne mettre aucune témérité à déchirer le voile qui couvre cette affaire et de rester même dans des conjectures à la fois respectueuses et vraies. M. le curé parut devant vous, et il est facile de deviner ce qu'il exposa. Il dit quel scandale avaient occasioné ces lettres répandues dans Gimont ; il a dit que ces lettres n'avaient pu être écrites que par un homme instruit de nos différends ; il me représenta, peut-être, comme ayant un caractère peu communicatif ; enfin, il n'oublia pas de parler des analogies qui s'offrent entre mon écriture et les pièces incriminées ; de là il conclut, je pense, que s'il n'était pas sûr que j'en fusse l'auteur, cela était au moins possible ; et il dut vous dire, je le présume, qu'il ne pouvait plus m'accorder une entière confiance, et qu'il demandait notre séparation.

Là, votre prudence, Monseigneur, vous empêcha de prendre une résolution immédiate. Saisi d'une accusation contre moi, vous me fîtes l'honneur de me mander auprès de vous ; vous me fîtes des ouvertures (2) ; et, grâce à votre paternelle obligeance, je commençai à voir les piéges qui m'entouraient et que je ne soupçonnais pas. Je sus, pour la première fois, que des lettres anonymes s'étaient fait jour dans Gimont ; que quelques-unes avaient été recueillies par mes collègues ; qu'ils songeaient à me les imputer, et que cette affaire était devenue grave au point de nécessiter

---

(1) M. le curé explique aujourd'hui sa conduite par un mot, et ce mot est celui-ci : *on m'a poussé.* Je connais ceux auxquels il a tenu ce propos, et je les citerai au besoin.

(2) C'était le 17 mars.

votre intervention. Fort de mon innocence, et tranquille sur
le résultat d'une lutte clairement dessinée, je m'apprêtai
à me défendre devant vous, lorsque le moment en serait
arrivé. A cette fin je fus encouragé par d'augustes propo-
sitions sorties de votre bouche. Vous pensâtes que cette
affaire ne devait pas se vider au milieu de mars ; que le
temps pascal nous donnant de sérieuses occupations, il convenait de le laisser passer et d'ajourner à une époque plus
tardive l'examen de notre difficulté. Cette époque, vous eûtes
la bonté de la fixer vous-même. Je sus, et M. le curé sut
comme moi, que nous devions vaquer pacifiquement et chré-
tiennement aux besoins du sacerdoce, jusqu'au jour où Votre
Grandeur devait nous entendre. Ce jour fut fixé au lende-
main de l'expiation du temps pascal, 19 avril ; je l'inscrivis
profondément dans ma mémoire, et M. l'abbé Dousset dut
aussi en garder très soigneusement la date. Une comparution
devant vous était tout mon vœu, toute mon espérance ; je
m'y préparai. Aurais-je, par hasard, mis quelque procédé
blâmable dans mes démarches ? Aurais-je usé, dans la prépa-
ration de ma défense, de quelque moyen peu convenable pour
mon état ? Je ne le pense pas, examinons.

De quoi étais-je accusé ? D'avoir écrit des lettres anonymes ; or, sur ce chef d'accusation, je n'avais, pour me disculper, qu'un moyen ; c'était de me procurer quelqu'une de
ces lettres et de braver une expertise. Je songeai, non pas
comme mes adversaires, à mettre moi-même en pratique un
art que je ne connaissais point ; je ne songeai pas à appeler
des experts amateurs dans un conciliabule secret, et à leur
demander l'appui de leur opinion inédite ; je songeai, au
contraire, à me transporter jusqu'à Toulouse, à voir les
hommes les plus célèbres dans l'art de l'expertise, et à leur
demander leur avis écrit sur la position que me faisaient
les lettres anonymes de Gimont.

A cet effet, je dus m'en procurer quelqu'une ; je fis des
démarches pour en trouver ; ces démarches ne furent enve-
loppées d'aucun mystère.. J'allai droit à l'homme honorable

qui est le premier administrateur de Gimont ; je me rendis chez M. Serain (1) et lui dis : « En votre qualité de maire,
» vous devez savoir, Monsieur, ce que font vos adminis-
» trés ; il paraît que des lettres, propres à causer du
» déplaisir au clergé de Gimont, circulent, sont semées de
» part et d'autre. Ces lettres m'intéressent ; ne pourriez-
» vous pas m'en faire obtenir une seule ? » M. Serain me répondit : « Je connais ces lettres ; j'en ai eu deux au com-
» mencement de janvier ; mais M. l'abbé Baylac me les
» ayant demandées, je les lui ai données. » Ainsi, le malheur voulait que M. Baylac me fît toujours obstacle, même quand il s'agissait de me procurer les premiers éléments de ma justification. Cependant M. Serain fut assez bon pour me témoigner qu'il était contrarié de ne pouvoir satisfaire à ma demande, et il me promit obligeamment d'essayer de recouvrer, à mon profit, les lettres remises à M. Baylac. Ce ne fut point là une simple promesse dictée par une intention polie et oubliée aussitôt. M. Serain se rendit, le jour même, chez M. Baylac : mais inutilement ; il parvint à le voir quelques jours plus tard ; et m'ayant rencontré après cette entrevue, il me dit : « M. Baylac n'a pas pu me rendre les lettres que je lui
» avais remises ; il les a envoyées à l'Archevêché. » Cette assurance me fit plaisir ; je fus charmé de savoir qu'elles étaient à un dépôt où l'on prendrait soin de les conserver, et qu'elles pourraient désormais servir de documents certains pour aider à la confrontation que nous devions tous souhaiter.

Mes recherches étant demeurées infructueuses auprès de M. Serain, je m'adressai ailleurs. Une personne de Gimont consentit à se dessaisir, pour moi, d'une de ces lettres qu'elle avait recueillie, et muni de ma pièce de comparaison, je partis

---

(1) C'était le 21 mars.

pour Toulouse. J'y vis MM. TOUSSAINT, FLAMBANT et MASSIA, tous trois hommes de talent et d'expérience, tous trois fréquemment consultés par les tribunaux en matière d'expertise. Avec la lettre anonyme, je leur présentai mon écriture ; j'écrivis même sous leur dictée, et je me retirai. Ils procédèrent à un examen sérieux, travaillant ensemble et séparément, et me donnèrent leur réponse. Cette réponse, j'aurai occasion de la reproduire tout à l'heure, elle est un des principaux étais de ma défense, et assure ma sécurité.

Mais avant d'insister sur ce point, qu'il me soit permis de rechercher ce que faisaient mes adversaires. Ils avaient su mon départ pour Toulouse, et s'en étaient formalisés. Innocent ou coupable je devais être frappé, et cependant je songeais à obtenir mon absolution ; je les importunais là où j'étais, et je ne me pressais pas de leur laisser le terrain libre ; ils m'avaient choisi comme une victime à sacrifier, et je n'allais pas complaisamment tendre la gorge au couteau. C'était par trop d'audace ; cela méritait une expiation prompte ; M. le curé se chargea de l'amener. Alors, Monseigneur, M. Dousset oublia tout : il oublia que vous nous aviez ajournés l'un et l'autre pour l'examen de notre affaire; il oublia que le jour de notre comparution était fixé au 19 avril ; il oublia jusqu'au droit de la défense, et vint vous prier de me révoquer (1). Quel motif allégua-t-il? Sur quel grief fonda-t-il sa demande? C'est ce qu'il ne m'appartient point de pénétrer. Par cela seul que le coup qui m'a frappé émane de vous, je veux le respecter ; je sens qu'il demeure à l'abri de toute discussion. Aussi bien, je puis, sans efforts d'humilité, croire à la faiblesse de mes mérites, comme membre du sacerdoce. Il m'est revenu depuis qu'on me reprochait un défaut de zèle, ou plutôt la stérilité de mon ministère; il m'est revenu qu'on ne

---

(1) M. le curé se rendit à Auch, le 12 avril, et ma révocation arriva ici le 14.

trouvait pas, qu'après un exercice de treize ans dans Gimont, j'eusse pris, sur la population, à un degré suffisant,
l'ascendant moral et religieux.

Je n'examinerai point si ces reproches ne viennent pas de
personnes intéressées; je ne rechercherai pas si ceux qui
élèvent la voix contre moi, ont bien le droit de me jeter la
pierre. Encore une fois, Monseigneur, les actes d'humilité
ne me coûtent point, et je veux bien reconnaître que je
ne dois compter que parmi les plus indignes du sacerdoce.
Cela suffira pour que je m'abaisse devant votre autorité,
quand elle pèse sur moi dans toute sa rigueur. Mais encore
faut-il que la cause de ma disgrâce soit connue, et que les
gens de bien ne se trompent pas sur la nature des coups qui
me sont portés. En tout autre temps, remplacé à Gimont,
pourvu d'un successeur, sans avoir moi-même de nouveau
bénéfice, je me serais gardé de me plaindre, ou si j'avais gémi,
c'eût été au fond de mon âme, et en priant Dieu de donner à mes forces physiques une ardeur, et à mon zèle évangélique un succès qui pût me réhabiliter auprès de vous.
Mais, il faut le reconnaître, ma disgrâce n'est point survenue dans des circonstances ordinaires; elle est arrivée alors
qu'une population toute entière se préoccupait d'une affaire
qui faisait grand bruit; alors que tout le monde cherchait
l'auteur des lettres méchantes et anonymes; alors que, par
le fait de mes propres collègues, mon nom était livré à
l'infamie des soupçons. Aussi, lorsque ma révocation fut
connue, n'y chercha-t-on qu'une cause, n'y trouva-t-on
qu'une explication. Personne ne soupçonna que mes collègues
étaient maintenus parce qu'ils étaient de fervents et d'heureux apôtres, parce que la population catholique était
plutôt à leurs pieds qu'aux miens; non, non, on se dit
que, si j'étais révoqué, c'était, sans doute, parce que l'affaire des lettres avait tourné contre moi, et que des expertises consommées avaient amené mon arrêt.

Aussi, j'en demande pardon à Dieu et à vous, Monseigneur;
sous ce coup du sort mon âme fléchit un instant; le décou-

ragement s'empara d'elle. J'étais frappé sans avoir été en-
tendu. Je me dis : Il y a quelques jours à peine, Monseigneur
m'ayant auprès de lui, m'avait lui-même garanti le droit de la
défense ; il m'avait fixé un jour pour m'entendre et me permettre de me disculper. Cependant ce jour a été devancé;
quand je suis prêt, quand j'ai à moi tout ce qui est nécessaire pour confondre le soupçon accusateur, lorsque trois
ou quatre jours à peine me séparent du jour où je dois faire
entendre ma justification, ma défense est paralysée, anéan-
tie d'avance : je suis condamné sans avoir pu la prononcer.
Je le répète, Monseigneur, et ce n'est pas là une précaution
oratoire, je n'accuse point dans tout ceci la grave pureté de
vos intentions ; puisque mes collègues se plaignaient de moi,
puisque ma présence leur était importune, je devais être
sacrifié; ce dont je me plains, c'est du moment qu'ils ont
choisi pour mon immolation. Ils avaient soulevé un procès ;
ils devaient le laisser se vider; quand même d'autres reproches auraient été fondés contre moi, ils devaient les oublier
en ce moment, et remettre à une autre heure leur production
et leur effet. La question de justice qui s'agitait entre nous
était de nature à en effacer toute autre; avant d'articuler des
griefs d'une autre espèce, il fallait me permettre de me justi-
fier de la grave accusation qui pesait sur ma tête.

Donc, me trouvant en présence de ce qui me semblait être
un manque de parole, un déni de justice et une fâcheuse conjoncture pour mon caractère public, je songeai, Monseigneur,
à obtenir, par d'autres voies, une réparation que je sentais
mériter. Me croyant repoussé par mon juge naturel, je tour-
nai mes regards vers la justice civile, et j'espérai par son
secours arriver jusqu'à ceux qui s'étaient faits mes adversaires et m'avaient si cruellement desservi auprès de vous.
Pourquoi cacherais-je aucune de mes démarches ? J'allai à
Auch ; je vis un de mes amis qui a passé sa vie à étudier les
lois ; je lui demandai d'examiner ma cause, d'en peser tous
les détails, et de me dire si je ne pourrais point m'armer
d'une action civile. Il se prononça contre un procès. Voulant

néanmoins que son opinion fut contrôlée, il m'adressa à l'un des plus illustres représentants du barreau auscitain. Loin d'être combattu, son avis fut partagé; et j'appris que je ne pouvais engager une lutte avec des agresseurs qui demeuraient cachés, invisibles, et qui se couvraient, pour leurs actes extérieurs, de votre auguste autorité. Fallait-il donc dévorer tous ces outrages, subir l'injustice et la laisser s'accréditer ? Fallait-il assister, muet témoin, à l'accusation qui s'attachait à mon nom et ne point tenter d'y répondre.

L'âme brisée, Monseigneur, j'allai à vous; j'espérai que vous interviendriez pour amener mes adversaires à se produire, et à sortir de ce nuage ténébreux qui les dérobait à ma poursuite. Mon espoir me parut couronné de succès; vous eûtes la bonté de me marquer un nouveau jour, et il fut convenu que je paraîtrais avec eux devant Votre Grandeur. Certes il n'entrait point, et il n'entre pas encore dans ma pensée, que je puisse être remis au poste d'où je suis tombé; ce n'est point à des faveurs que je voulais aspirer, et je ne m'imaginais point qu'on pût donner à M. le curé de Gimont et à M. son vicaire le déplaisir de revoir à côté d'eux un homme qu'ils ont voulu exclure; mais je demandais (serait-ce trop d'ambition) que mon procès, terminé par un coup d'éclat, fût ramené à son cours naturel; et que des juges compétents fussent chargés de dire à la population gimontoise si je suis un homme honorable, ou bien un indigne auteur d'anonymes écrits.

Vous me fîtes donc l'honneur de me donner un nouveau jour (1), Monseigneur, et je vous suis et vous serai toujours reconnaissant de la bonté que vous avez eue de déférer à une partie de mes demandes. Cette comparution n'a pas produit tout ce que j'en attendais; malgré vos paternelles bontés, mon but capital n'a pas été atteint. Que s'est-il passé

---

(1) Le 3 mai fut fixé pour notre comparution.

à l'Archevêché? Qu'avons-nous tous vu ? Une séance auguste, j'en conviens; pour nous, vous avez pris la peine de siéger, entouré de Messieurs vos vicaires-généraux ; et il m'a été donné, à moi, humble accusé, de porter ma défense devant les hommes les plus éminents du sacerdoce ; mais cette séance n'a point eu de résultat. Je me la représente ; nous étions au trois mai dernier ; j'avais près de moi MM. Dousset et Baylac ; non loin de vous, Monseigneur, étaient Messieurs vos secrétaires ; les pièces de conviction furent produites et examinées ; on chercha si elles pouvaient émaner de moi, si mon écriture autorisait à le penser. J'entendis M. votre secrétaire faire des remarques, fruit d'un consciencieux examen. Il dit que je marquais mes *i* comme l'auteur des lettres anonymes; que mes accents circonflexes étaient faits comme des accents graves, ce qui me faisait ressembler encore à l'auteur des lettres incriminées ; que la première lettre de mes mots penchait de droite à gauche; que, pour la finale des mots en *ait*, je conservais l'orthographe antérieure à Voltaire; ce qui établissait autant de ressemblances entre mon écriture et celle des lettres anonymes. Là s'arrêtèrent les remarques de M. votre secrétaire dont tout le monde connaît la sagacité en matière de comparaison d'écritures ; d'où je suis autorisé à conclure que, si les ressemblances qu'il a relevées existent, elles existent seules. Cinq ou six analogies ; et une multitude de différences, voilà le résultat d'un examen éclairé. Des accents, des points mal tracés, la conservation de l'orthographe académique dans les mots terminés en *ait*, voilà tout ce qui reste d'appui à l'accusation qui est venue me chercher.

Dire jusqu'à quel point ces analogies sont compromettantes, je ne le puis, et j'eus l'honneur de vous le déclarer moi-même, lorsque vous me fîtes l'honneur de m'interroger là-dessus. Mais je demandais, et je demande encore la permission de faire entendre des gens de l'art ; car à quels autres pourrions-nous demander des éclaircissements sur ce chef? Ce n'est point à vous, Monseigneur ; vous n'avez pas pris,

et vous ne prendrez pas la peine de procéder à une expertise.
A vous appartient le soin de diriger un diocèse; à vous le
mérite de servir de guide et de modèle au clergé qui s'estime heureux de vivre sous vos lois; mais l'art des expertises
n'obtiendra jamais un seul de vos moments. A qui donc
m'adresserai-je? A M. votre secrétaire? Il a été appelé à la
séance où j'ai comparu; il a dit tout ce que ses profondes
connaissances des écritures lui révélaient; il a noté quelques
analogies; *mais il n'a pas conclu.*

Ainsi se termina, d'une manière absolument négative, la
séance qu'il vous avait plu de nous accorder. Il me semble
que, dans la position où je suis, je dois aspirer à quelque
chose de plus. Prenons des arbitres; allons, MM. Dousset
et Baylac et moi, devant ceux qui peuvent examiner, com-
parer et conclure, et publions le résultat obtenu. Car enfin,
si les ressemblances que mon écriture présente ne sont pas
plus nombreuses que celles qu'offre toute autre écriture prise
pour modèle; s'il n'est pas d'homme sachant écrire qui ne
puisse être compromis au même degré que moi, par un examen d'experts, il est important pour moi de le publier.
Or je n'hésite pas à penser que les analogies qui pourraient
m'incriminer sont insignifiantes et purement fortuites. Ma
conscience me le dit; j'ai d'ailleurs mes raisons déjà trouvées
pour penser que l'art de l'expertise est destiné à détruire
l'accusation qui me regarde.

Ainsi que je l'ai déjà dit, dès l'origine de toutes ces dif-
cultés, je me suis rendu à Toulouse, chez MM. Toussaint,
Flambant et Massia; ils ont été invités à se prononcer sur
mon compte; je leur adressai une seule recommandation,
celle d'être sévères et de me révéler tout ce que j'avais à
craindre. Ils ont répondu que les lettres anonymes étaient
évidemment d'une main autre que la mienne. Voici leur
rapport :

» Nous, soussignés : François Toussaint; François-Louis
» Flambant, et Jean-Edouard Massia, habitants de Toulouse,

» experts écrivains. — Déclarons en notre âme et conscience,
» et d'après nos lumières, et par suite du profond et très-
» mûr examen que nous en avons fait, que la pièce d'écriture
» anonyme, déguisée, cotée n° 1, et par nous paraphée, ne
» présente, dans son ensemble ni dans ses détails, aucun
» signe ni trait d'identité avec les deux corps d'écriture
» tracés sur les deux pièces cotées et paraphées par nous,
» sous les numéros 2 et 3; cette dernière a été écrite sous
» nos yeux et notre dictée; et conséquemment que ces trois
» pièces sont l'œuvre de deux mains différentes , savoir :
» l'une qui a fait la pièce cotée n° 1, et l'autre qui a tracé les
» deux pièces cotées n° 2 et 3. — En foi de quoi avons
» délivré le présent|, à Toulouse, le 15 avril 1847.

« TOUSSAINT, FLAMBANT, MASSIA. »

Que l'on prétende que les experts de Toulouse n'ont pas
dit le dernier mot de leur art; qu'on les soupçonne de
complaisance, par cela seul que je les ai consultés; je n'y
mets point d'obstacle; que l'on assure que je suis parvenu
ou à les gagner par les supplications, ou à les corrompre
à force d'argent; j'y consens; que l'on affirme que la lettre
anonyme présentée par moi n'est qu'une pièce fabriquée
après coup par une main étrangère et officieuse (1); je le
veux encore; consultons d'autres experts neufs, indépendants, incorruptibles; soumettons-leur tous les écrits dé-
guisés qui sont en notre pouvoir, et demandons-leur la vérité;

---

(1) Depuis que j'ai soumis le présent écrit à votre approbation,
Monseigneur, j'ai reçu d'un de vos Messieurs l'assurance que vous
n'avez jamais élevé de doute sur l'identité de cette lettre avec celles
qui sont en vos mains. Il ne reste plus qu'à dire que les noms Toussaint, Flambant et Massia sont des noms supposés, et l'on aura
épuisé toutes les objections qu'on peut faire contre la valeur de mon
expertise.

mais, au nom de Dieu, qu'on ne me laisse pas sous l'influence de cette prévention qu'il y a à l'Archevêché un jugement, rendu par des experts, qui me condamne comme auteur de lettres anonymes. Je provoque donc un examen matériel des pièces, et j'espère encore, Monseigneur, qu'après y avoir mûrement songé, vous appuierez, auprès de mes adversaires, ma proposition.

Mais que sera-ce donc si, abandonnant les détails matériels de cette affaire, nous cherchons avec d'autres arguments la vérité. Pourquoi aurais-je écrit ces lettres? Quel intérêt avais-je à les répandre dans Gimont (1)? J'aimais Gimont; j'étais aimé dans Gimont, j'ose le dire; j'y étais content de ma position subalterne; ma santé m'oblige à éviter les soins trop rudes et une pénible responsabilité; j'étais heureux d'avoir au-dessus de moi M. le curé actuel; il y a plus; je l'ai souhaité pour chef; pourquoi M. l'abbé Fénasse n'est-il pas vivant! Il pourrait dire qu'en 1839 (dans le mois de juin, si je ne me trompe), je fis auprès de lui une démarche directe, dans le but de faire élever M. Dousset au-dessus de ses confrères, et il fut nommé pro-curé de Gimont (2). Ainsi, attachement à ma position subalterne, raison de santé, amour de la solitude et de la paix, tels étaient les irrésistibles motifs qui devaient me porter à éviter toute occasion d'orage, et à affermir de tous mes efforts la bonne harmonie entre nous. Mais au moins mes adversaires pourront-ils dire que j'étais parfois avec eux frondeur et

---

(1) Il s'est dit que je voulais devenir curé, ou du moins premier vicaire à Gimont. Si, par hasard, vous avez conservé la lettre que j'eus l'honneur de vous écrire, il y a cinq ans, Monseigneur, vous pourrez montrer vous-même combien cette imputation est dénuée de fondement.

(2) Je ne dis point ceci pour faire croire à l'efficacité de ma visite; je le dis, pour que l'on connaisse mes sentiments bienveillants vis-à-vis de M. Dousset.

malveillant? Pourront-ils citer quelque petite scène qui ait
servi de prélude et d'acheminement à la fabrication de ces
lettres? Je les interroge ; c'est à eux de répondre, s'ils
le peuvent. Pourront-ils au moins, en quétant par la ville,
et en cherchant tout ce que la malveillance peut dire contre
moi, trouver une seule anecdote qui les autorise à mettre
sur mon compte des méchancetés sournoises ou de vilains
traits? Je livre ma vie aux censures ; je souhaite qu'on fouille
tout mon passé ; voyons ce que l'examen produira.

Que sera-ce donc, si nous nous attachons aux lettres elles-
mêmes et à leur portée! Les plus pénétrants y trouveront-ils
un sens qui puisse faire supposer ma participation? Un
mot sur leur esprit. Qui est défendu dans ces lettres?
M. Baylac. Qui y est attaqué? M. Dousset et moi. O comble
de la perfidie! J'aurais donc poussé la noirceur jusqu'à m'attaquer moi-même, pour le plaisir de diriger un méchant trait!
Mais dans quel but? Mais dans quelle vue? On réveille, dans
les écrits anonymes, que je profite, avec M. le curé, d'une
somme plus forte que celle qui revient à M. l'abbé Baylac.
Quel intérêt avais-je, moi, à rendre le public confident de
l'inégalité d'un partage qui m'était avantageux? Est-ce donc
ceux qui font des bénéfices injustes qui ont l'habitude de les
publier? N'aiment-ils pas mieux, au contraire, le silence et le
mystère favorables à la continuation de leurs exactions? N'est-
ce pas ceux qui souffrent et qui sont lésés, qui se plaignent?
Eh quoi! J'aurais profité d'une chose et je m'en serais plaint!
Je crois qu'il sera difficile de le faire comprendre.

Mais allons plus loin. Les lettres soutiennent chaudement
M. Baylac et attaquent, au contraire, M. l'abbé Dousset; d'où
il est assez naturel de conclure que l'auteur est à la fois un
ami du premier et un ennemi du second. Or, je le demande,
était-ce là ma position? J'étais, s'il faut le dire, sans sym-
pathie pour M. l'abbé Baylac; j'étais, au contraire, très-
d'accord avec M. le curé, avant qu'un malheureux esprit
d'aigreur l'eût tourné contre moi. Gimont le sait; et je pourrais citer au besoin la fréquence de nos relations; je pour-

rais citer le goût musical qui nous était commun et nous
servait de point de contact. Désir donc d'être agréable à M.
le curé, désir de demeurer aux termes de l'indifférence avec
M. Baylac, voilà ce qui devait m'animer; et j'aurais pu,
moi, changeant les habitudes de toute ma vie, blesser un
homme qui m'était affectionné, pour épouser la cause d'un
autre pour qui j'étais sans tendresse? Je crois que peu de
personnes trouveront ce fait supposable.

D'ailleurs, est-ce que la fin de ces lettres ne montre pas,
plus encore que tout le reste, la tendance secrètement maligne
qui excitait l'auteur contre moi? J'y suis représenté comme
donnant des repas où M. le curé est mon convive; pourquoi aurais-je fait de pareilles révélations? Que l'on n'ou-
blie pas que l'auteur réservait nécessairement à ces lettres
la plus large des publicités; pouvais-je donc tenir à ce que
l'on crût que je m'asseyais à des festins provenant des lar-
gesses forcées de M. Baylac. Avais-je intérêt à mettre mes petits
désordres en relief à côté de la tempérance de mon collègue?
Non, j'ose le dire, personne ne supposera, qu'auteur du
tableau, je l'eusse ainsi chargé à mon détriment; personne
n'admettra que j'eusse pris plaisir à médire de moi-même.
La propension de l'écrivain à me mettre en scène avec un
rôle fâcheux, à présenter, au contraire, M. Baylac, comme
une victime digne de pitié, dénote évidemment une main
favorable à lui, non à moi.

Je n'hésite donc pas à le faire voir, toutes les présomp-
tions rejettent la responsabilité de ces lettres sur une personne amie de M. l'abbé Baylac. Qu'a-t-il fallu, en effet,
pour que l'événement se produisît ainsi? Fort peu de chose,
en vérité : supposer que M. Baylac ait parlé cette fois-ci,
comme bien d'autres, de cette inégalité de traitement qui
le choquait, et que ces paroles aient été recueillies par un
esprit disposé à soutenir sa cause et à poursuivre le redresse-
ment du tort qu'on lui causait. En faut-il davantage? Sans
doute M. Baylac n'aura donné à cet égard aucun encourage-
ment; il m'a accusé, je ne veux pas le lui rendre, je veux

lui laisser complet le remords auquel il n'échappera pas, d'avoir provoqué la perte d'un innocent. Mais enfin, tout en laissant de côté M. Baylac, on peut admettre que quelqu'un de son entourage, moitié instruit, moitié devin, aura tout découvert et tenté, pour nous faire expier l'inégalité de nos traitements, le moyen réparateur qui a fini par m'être fatal.

Les dates que j'ai précisées plus haut donnent, si je ne me trompe, une force nouvelle à cette conjecture. A quelle époque a eu lieu notre scène de la sacristie? A la fin de décembre. Quand ont paru les lettres anonymes? Au commencement de janvier. Si M. l'abbé Baylac partage, même à un faible degré, les faiblesses de l'humanité, il est croyable que c'est à un moment tout voisin de notre léger dissentiment qu'il a éclaté. C'est lorsqu'il était blessé d'un partage récent et de reproches dont il devait sentir péniblement l'âpreté, qu'il a dû se laisser aller à faire confidence de sa position, ou brièvement, ou avec de longs discours. Il est probable aussi que son vengeur anonyme aura songé tout de suite à tirer l'arme du fourreau. Nous oublions assez vite nos propres griefs, nous oublions encore plus vite les griefs qui ne regardent que nos amis. Nous agissons, pour eux surtout, sous l'impression d'une injustice récente et d'une plainte vive. Que tout cela soit pesé, et on sentira que notre scène de décembre publiée au commencement de janvier, c'est-à-dire à quelques jours d'intervalle, doit sa publication à un intérêt froissé. Supposez, en effet, une intelligence désintéressée se mêlant à cette affaire; elle prendra largement son temps; elle choisira, tout à son aise, le moment d'agir avec impunité; mais, au contraire, le coup rendu au moment où la blessure est faite, signale la riposte de l'homme blessé.

Voilà ce qu'il me convenait de dire. Maintenant viendrai-je sur quelques reproches qu'on ne m'a pas épargnés? Quelques-uns, bien mal instruits des faits, ont pensé, Monseigneur, que je redoutais votre intervention et que j'avais

refusé de venir déposer à vos pieds ma défense, à l'audience
du 19 avril. Il est vrai que je ne me rendis pas ce jour-là
à l'Archevêché; mais pourquoi? Parce que mes adversaires
étaient sortis des termes de nos conventions; parce que, au
lieu de réserver leur accusation jusqu'au jour convenu, ils
vinrent, par des voies souterraines, préparer ma chute et
mettre mon exécution avant ma condamnation. J'étais révoqué le 14 avril; il était donc inutile que je vinsse, le 19,
présenter la défense destinée à prévenir ma révocation; j'avais
encouru une disgrâce; il était donc inutile que je vinsse
tenter ce qui pouvait la prévenir. Aussi, Monseigneur, à
partir de ce jour, j'ai pensé à poursuivre ma justification
par d'autres moyens; j'ai senti qu'il était nécessaire pour
ma réhabilitation, pour l'honneur même du sacerdoce, que
lumière se fît, et j'ai compris que je ne pouvais rester sous
le poids d'une telle prévention. Personne ne méconnaîtra,
je pense, la justesse des explications que je viens de fournir;
personne, à l'avenir, n'aura plus le courage de me repro-
cher de n'avoir pas cherché à prévenir ma disgrâce, alors
qu'elle était déjà survenue; et vous-même, Monseigneur,
averti de la route qu'ont prise à cet égard les préventions,
ne m'imputerez pas à faute, j'en suis sûr, le parti naturel
que j'ai cru devoir prendre.

Après avoir dit les choses importantes de ce débat, en
dirai-je d'insignifiantes? La matière serait riche, si je voulais
l'épuiser. M. Baylac, en m'accusant (et ici je vous aurai vous-
même pour témoin, Monseigneur), a établi bien des misères,
que j'appellerais des mensonges, s'il m'était permis d'em-
ployer l'expression propre. Il sentait que, pour me faire passer
pour l'auteur de ces lettres, il fallait me mettre dans l'âme
un fiel qui n'y a jamais été, et me supposer une profonde
rancune, au moins contre lui. Quelle horreur, bon Dieu!
J'ai proclamé plus haut l'indifférence que j'éprouvais pour
M. Baylac; mais le haïr, chercher à lui nuire, lui ôter des
amis, troubler sa position, voilà ce à quoi je n'ai jamais
songé. Cette rectitude de sentiment ne faisait pas son affaire;

aussi, a-t-il tenté tout au monde pour faire voir chez moi, ne fusse que l'apparence d'un mauvais levain.

Il dit donc (vous l'entendîtes, Monseigneur, à la séance du 3 mai), que, dans une occasion (1), ayant engagé des convives pour le mardi, je l'avais invité lui seul pour le mercredi. J'en appelle au souvenir des personnes que j'eus l'honneur d'avoir alors à ma table ; elles doivent se rappeler que j'envoyai chez M. Baylac à midi et demi, et qu'il s'excusa en disant qu'il était indisposé ; d'ailleurs, pourquoi ne se rendit-il pas le mercredi, s'il se croyait engagé pour ce jour-là. Il dit que j'avais tenu des propos à une personne, contre lui. Pressé de nommer cette personne, il se tut ; pressé de nouveau, et avec instances, après des hésitations, il prononça le nom de M. l'abbé CORTADE, professeur au collége de Gimont. Eh bien! je prie M. Cortade, je le somme d'avoir à s'expliquer là-dessus, et de dire si jamais je lui ai parlé de M. Baylac, du moins en termes désavantageux. Il dit que des mandements adressés à lui, auraient été, à ma sollicitation, détournés par M. l'abbé MONIÉ, d'Auch, alors secrétaire à l'Archevêché. M. Monié est le compatriote de M. Baylac et le mien ; il est de plus notre ami commun ; qu'il parle, et qu'il dise s'il y a un mot de vrai dans cette imputation (2). Il dit que je n'avais pas de partisans dans Gimont. Si par ce mot il entend ces hommes disposés toujours à épouser votre querelle, pourvu que vous soyez toujours auprès d'eux et flatteur et rampant, je n'ai pas de partisans, j'en conviens ; mais si l'on désigne par cette qualification ces hommes probes et indépendants, qui ne connaissent d'autre parti que le parti

---

(1) M. Baylac voulait sans doute parler du repas que je donnai à M. Dousset, lors de la nomination de celui-ci à la cure de Gimont ; c'est la seule invitation que M. Baylac m'ait refusée.

(2) Ces messieurs ont parlé ; ils ont même écrit ; je ne reproduirai pas ici leur attestation.

de la justice, j'ose dire que j'ai des partisans, et à Gimont, et ailleurs..... Il dit que, dans une circonstance, me trouvant à la sacristie, j'avais avancé la tête pour regarder qui il confessait dans la chapelle voisine..... Il dit qu'à l'issue des offices, je retenais, par le bras, M. le curé, pour l'empêcher de sortir avec lui, de l'église..... Il dit que, dans mes visites, je laissais des cartes au domicile des personnes que je ne trouvais pas chez elles..... Il dit qu'une fois, il fût malade, pendant quatre jours, et que, non seulement je n'avais pas été le voir, mais même que j'avais détourné ceux qui le complimentaient au sortir d'une si longue maladie.....

Mais n'insistons plus sur de pareilles pauvretés; je n'ai tracé ce tableau presque ridicule, que pour montrer que, soit qu'on pèse les grands moyens ou les petits moyens dont on s'est servi contre moi, on les voit condamnés à un avortement; et ce n'est qu'à regret que j'ai remis sous vos yeux, Monseigneur, les misères qu'il vous avait fallu entendre, dans la séance solennelle qu'il vous avait plu de nous accorder. Je conclus; et voici de quelle manière : je sollicite un nouvel examen de mon affaire; et voici comment je comprends qu'il peut avoir lieu : je me présenterai avec mes adversaires devant un homme d'affaires. M. Dousset dira que des lettres anonymes ont paru dans Gimont; que ces lettres lui portent préjudice, en ce sens qu'il y est traité en termes irrespectueux pour son caractère; en ce sens encore qu'on l'y signale comme partial et inique, lorsqu'il fait des partages avec M. Baylac. Parlant à son tour, M. Baylac dira qu'il se trouve blessé par les lettres anonymes; qu'il repousse les réclamations qu'elles contiennent en sa faveur; qu'il n'entend pas être défendu par de telles armes, et que celui qui embrasse ainsi ses intérêts, ternit son caractère et lui porte préjudice aussi. Enfin, ils diront l'un et l'autre qu'ils me croient l'auteur des lettres anonymes. Je répondrai que je repousse cette accusation; que toutefois je ne me sens en aucune façon blessé des soupçons de mes collègues et que je suis le premier à provoquer l'examen. Je reconnaîtrai que je leur dois une réparation dans le cas où je serais convaincu d'être l'auteur de ces lettres ; mais en même temps, je prétendrai que c'est à moi qu'une indemnité est due, si l'on proclamait le néant des soupçons de ces messieurs. (Je n'ai pas besoin d'ajouter que ces indemnités seraient dans notre for intérieur, le lot des pauvres, et que je ne cherche ici que le moyen d'arriver à un jugement.) Sur nos dires, un compromis sera rédigé ; par ce compromis nous formerons un tribunal arbitral, composé de trois curés de canton , nommés d'un commun accord, ou à défaut d'accord, un par moi, l'autre par eux et le troisième par vous, Monseigneur. Ce tribunal ne pourra prononcer qu'après avoir reçu une expertise *écrite* faite au moins par trois experts nommés par lui. A cette expertise seront soumis tous les écrits anonymes qui ont paru cette année, et même ceux des années précédentes, si l'on songeait à me les imputer aussi. Leur décision sera formulée et motivée. Du reste, je reconnaîtrai aux arbitres la faculté de motiver leur décision, non seulement sur le rapport fourni, mais sur les arguments moraux que présente la cause ; et sur ce point, je les solliciterai, ainsi que mes adversaires sans doute, à consulter notre passé.

Que vont penser Messieurs Dousset et Baylac de cette proposition ? Ils la trouveront, peut-être, mal conçue, difficilement exécutable : qu'ils en proposent une autre , et je m'engage d'avance à n'être pas aussi difficile qu'eux. J'accepterai toute offre qui aura pour effet d'amener des éclaircissements sur cette affaire obscure. Les seules conditions auxquelles je tiens sont celles-ci : il y aura un examen sérieux des pièces écrites et une décision publiée. Cette affaire ayant eu un grand retentissement , il me paraît nécessaire et juste que la solution ait de l'éclat aussi. Maintenant, que mes adversaires parlent. J'indique M. TOUATRE, notaire à Gimont, comme étant spécialement chargé par moi de recevoir leur déclaration, acceptation, ou proposition nouvelle. Une somme de *trois mille francs*, déposée par moi en son étude, est destinée à couvrir les frais que pourra

occasioner la révision de cette affaire. Au premier signal,
j'irai donner mon adhésion à la rédaction d'un compromis.
Que s'ils se taisent, je prends acte de leur silence ; que s'ils
reculent, la population qui nous entoure jugera, et vous-
même direz, Monseigneur, si foi est due aux persécuteurs
ou au persécuté, à celui qui réclame l'examen ou à ceux
qui l'évitent ; à celui qui implore un jugement ou à ceux
qui préfèrent les dénonciations et les coups d'autorité. Quant
à moi, j'aurai fait ce que ma conscience me dictait ; j'aurai
opposé, dans une conjoncture pénible de ma vie, la fermeté
à des attaques sourdes, et le courage au malheur. Quel que
soit le résultat de tout ceci, je me résignerai. Il y a dans
la conscience de celui qui souffre, sans l'avoir mérité, une
force propre à surmonter bien des peines. Je n'aurai, après
tout, été funeste à personne ; je n'aurai pas à me repro-
cher d'avoir immolé des victimes à mes rancunes. Je vivrai
sans reproche, et tranquille avec moi-même ; tandis que je
n'hésite pas, au contraire, à léguer à mes adversaires le
remords, et à leur prédire, dans un avenir plus ou moins
prochain, les reproches des gens de cœur.

Mais non ; votre autorité, Monseigneur, et leur propre
conscience, les porteront à adopter les moyens que je viens
d'indiquer ; ils m'accorderont le bénéfice d'un examen et d'un
jugement. Ma voix, réclamant pour une cause juste, n'aura
pas inutilement retenti ; elle ne ressemblera pas au vain
bruit de l'airain sonnant et de la cymbale retentissante, dont
parle l'Apôtre (1) ; car je m'assure qu'elle va arriver jusqu'à
vos oreilles, qui ne sont point sourdes aux prières de l'innocence et du malheur demandant à la fois justice et réparation.

L'ABBÉ TARDIVAIL.

---

(1) I. Cor., chap. 13, vers. 1.

En attendant que ma proposition soit acceptée par mes adversaires, les pièces relatives à l'expertise dont j'ai parlé plus haut, resteront en dépôt entre les mains de M. le greffier de la justice de paix de Gimont. Elles seront à la disposition des personnes qui voudront en prendre connaissance.